GROS PLAN 2

TEXTES DE
PATRICE GOULET
BERNARD MARREY
CHRISTIANE DESLAUGIERS

FRANÇOIS DESLAUGIERS

INSTITUT FRANÇAIS D'ARCHITECTURE
PANDORA EDITIONS

Cet ouvrage, le second de la collection *Gros Plan* dirigé par le Département Création-Diffusion de l'Institut Français d'Architecture aux éditions Pandora, a été réalisé à l'occasion de l'exposition *François Deslaugiers* présentée du 6 Février au 11 Mai 1991 avec le concours de la société *Bouygues*, de la *Caisse des Dépôts et Consignations*, de la société *Otis*, de la *RATP*, du *Syndicat mixte du Centre des congrès de Toulouse*, de la société *Usinor-Sacilor*.

2 REMERCIEMENTS

Ce qu'il y a de plus étonnant dans l'architecture de François Deslaugiers, c'est la qualité des espaces. Parce qu'elle est tout à la fois inattendue (on croyait que l'essentiel pour lui était la perfection des assemblages) et exceptionnelle (si grande est l'impression de bien-être et de liberté qu'elle procure). Certes, elle est le résultat d'une capacité très sûre de maîtriser les échelles et les transparences, mais aussi celui d'un choix judicieux de l'axe de ses recherches. Il faut comprendre en effet que cette volonté obstinée qu'on lui reconnaît de vouloir maîtriser la production même de ses constructions n'est pas simple penchant pour la mécanique et la précision mais le fruit d'une réflexion, menée avec l'aide de sa femme, Christiane, sur ce que peut et doit être une architecture libérée du poids des symboles, des images et des mots pour devenir le milieu le moins oppressant et le plus efficace possible où la vie puisse s'épanouir et l'homme apprendre à jouir de son contrôle croissant sur la matière. Le défi que lançait aux architectes l'accélération des progrès technologiques (à savoir serez-vous mes esclaves ou profiterez-vous de moi pour donner à votre environnement cette fluidité à laquelle vous ne pouviez jusqu'ici que rêver), il fut, en France, l'un des seuls à l'affronter, et cela envers et contre tout, tant il fallait en effet d'entêtement et de patience pour lutter contre une déqualification acceptée et l'envahissement concomitant des discours. Pour lui, et c'est en cela, entre autres, qu'il est en phase avec les meilleurs ingénieurs d'aujourd'hui, pas question de laisser habitudes ou idéologie s'interposer entre la question et sa solution. L'architecture n'est pas un jeu mais un outil, un outil que l'on peut certes manier avec adresse sinon avec art, mais outil tout de même, et outil que la technologie a complètement métamorphosé comme elle a permis au "véhicule" de se libérer de la gravitation. Et d'une certaine façon, c'est bien à cela qu'il rêve, ce pragmatique invétéré, ce bricoleur inspiré, ce technicien maniaque qui édifie ses édifices comme s'ils étaient des fusées. Le miracle (ou serait-ce la preuve irréfutable de la justesse de son angle d'attaque ?) c'est qu'à cette tâche apparemment si ardue, loin de s'épuiser, son architecture s'est sans cesse ressourcée pour afficher, à chaque nouveau projet, une éternelle jeunesse.   PATRICE GOULET

PARCOURS

BERNARD MARREY

Nous allons sur terre à trois cents à l'heure, nous allons dans l'air, nous allons dans la lune, nous en revenons. En revanche dans le bâtiment, alors que depuis vingt ans, nous savons que l'espace doit être un lieu et non plus un tombeau, rien n'a encore bougé.

François Deslaugiers
24 novembre 1981

François Deslaugiers est né à Alger en décembre 1934. Son père, ingénieur, ancien élève de l'Ecole polytechnique, y était venu travailler pour une entreprise de travaux publics avec un contrat de trois ans. C'est dire que son fils revint à Paris encore bébé. Ses études secondaires brillamment terminées, il ne pouvait poursuivre que vers Polytechnique ou Normale Sup étant donné ses antécédents. Mais le bac Math-Elem, qu'il avait passé sans problème, lui avait fait sentir que les mathématiques n'étaient pas sa vocation profonde. Il prépara donc hypokhâgne, où il rencontra sa future femme, Christiane, puis khâgne au lycée Henri IV.

Mais depuis quatre ou cinq ans, il passait chaque année un mois de vacances chez un oncle par alliance, Guy Malenfant, architecte à Saint-Tropez, qui, entre autres travaux, reconstruisit le port de la ville. L'intérêt s'éveilla. L'idée fit du chemin, sans doute plus ou moins consciemment, puis, au printemps 1952, ne supportant plus le *bagne* de Khâgne, il alla s'inscrire à l'Ecole des Beaux-Arts. Il choisit un atelier extérieur, celui de Guy Lagneau, considéré comme un moderne : il construisait des ouvrages remarqués en Afrique et se fera justement reconnaître un peu plus tard avec le musée du Havre.

Cela provoqua la rupture avec la famille, l'obligation de gagner sa vie et, pour cela, de "faire la place" chez divers architectes. Bien qu'extérieur, l'atelier de Lagneau était encore imprégné des traditions de l'Ecole, notamment en ce qui concernait la présence. Mais nécessité faisant loi, Deslaugiers put au moins au début conjuguer sans trop de problème travail et présence à l'atelier, il apprit à projeter avec deux anciens, Paul-Auguste Gilliot et Pierre Braslavsky.

Ses absences le font pourtant finalement renvoyer de l'atelier. Pendant quatre ou cinq ans, il continue à travailler seul, ce que le règlement de l'Ecole permettait alors ; mais le temps passant, il sentit qu'il s'essoufflait et entra dans l'atelier de Louis Arretche en octobre 1964 où il se sentit compris, encouragé. En 1966, il est diplômé et Arretche l'engage.

Il doit d'abord faire des façades de faculté, ce qui le plonge dans une perplexité profonde, car il ne voyait pas dans quelle direction aller, de quel exemple s'inspirer. A l'époque, beaucoup considéraient l'architecture comme finie après la période classique ; pour eux, le XIXe siècle n'existait pas, quant au XXe siècle, les étrangers étaient inconnus et Le Corbusier toujours pas vraiment admis ; Deslaugiers put néanmoins visiter, entre autre, la maison Savoye avant sa restauration. Les seuls exemples étaient pris dans l'œuvre de Roux-Spitz, Expert, Perret...

Sa famille étant étrangère au milieu architectural, c'est par les livres qu'il fit peu à peu sa propre culture. Il découvrit ainsi Frank Lloyd Wright, dont il admira les dessins, et surtout Alvar Aalto. Mais Aalto, dont il compare l'œuvre à un poème en vers libres, se moquait de toutes les règles ; exemplaire dans sa démarche, sa production était unique et chaque fois renouvelée. Qu'aurait signifié refaire du Aalto ? D'autant qu'en ces années, régnaient en France les procédés industriels de construction (Camus, Coignet et les autres).

Pas d'exigence programmatique, pas de modèle, c'était le vide, l'angoisse. Que faire ? Rien de vraiment intéressant.

Fort heureusement, Arretche se vit confier au printemps 1967 la construction d'un lycée à Paimpol auquel il souhaita donner une allure sortant un peu de l'ordinaire. Certains rêvaient alors d'ouvrir les bâtiments scolaires à la ville pour mieux *"rentabiliser"* les bâtiments et créer des pôles éducatifs et culturels. A Yerres, près de Villeneuve-

LE LYCÉE DE PAIMPOL 5

Saint-Georges, Paul Chaslin, fondateur de Geep-Industries achevait de construire un lycée de ce type. Max Querrien, élu maire de Paimpol en 1961 et directeur de l'Architecture au ministère des Affaires culturelles depuis 1963, voulait aussi intégrer au lycée, une piscine, un gymnase... Arretche dessina un plan masse et confia le projet à Deslaugiers en juillet.

Celui-ci sentit que ce pouvait être l'occasion de sortir du système des boîtes empilées en mettant en place une structure bi-dimensionnelle puis en y adaptant des parois. Dans cette direction, la rigueur des plans de Mies van der Rohe lui était un exemple et les réalisations de Jean Prouvé montraient à l'évidence qu'il était possible de faire autre chose que les fameuses façades habituelles.

Arretche l'encouragea à poursuivre, tenta d'obtenir des ministères concernés des financements complémentaires, étant donné la nouveauté du programme et de sa réalisation. Sans succès. Le projet, tel qu'il était conçu, ne pouvant passer dans les prix, il fut obligé d'arrêter l'aventure en 1971. Deslaugiers partit et l'agence réalisa le lycée sur ses plans en les adaptant aux techniques de construction en cours.

Pendant qu'il travaillait sur Paimpol, était arrivée la commande de cinq centres d'informatique. La direction du Budget du ministère des Finances, qui avait jusque-là pour habitude de loger ses services dans des bâtiments appartenant à l'Etat, se trouva dans la nécessité de construire des bâtiments neufs pour abriter les services informatiques qu'il devait mettre en place ; les ordinateurs pouvaient difficilement se *caser* dans d'anciens hôtels particuliers... Les services du ministère concoctèrent donc un projet qui dut passer, comme toute construction de l'Etat, devant le Conseil supérieur des bâtiments civils.

Le Conseil refusa le projet et informa cette administration qu'il était quand même préférable, au moins pour une construction neuve, d'avoir recours aux services d'un architecte. Et c'est ainsi que Louis Arretche obtint la commande de cinq centres d'informatique à Amiens, Angers, Nanterre, Orléans et Rouen, dont il chargea Deslaugiers.

6   LES CENTRES D'INFORMATIQUE

Deslaugiers eut pour souci immédiat de *"faire craquer la boîte"*, en dissociant structure et cloisons, de façon à pouvoir faire sauter celles-ci un jour si nécessaire, ce qui était souhaité sans être vraiment exprimé par les responsables du ministère. Ceux-ci savaient en effet que, très rapidement, ces centres passeraient de cent cinquante à trois cents employés et que l'ordinateur qui devait occuper le tiers de la surface serait sans doute doublé ou triplé avant d'être miniaturisé... Il fallait donc un système aussi souple que possible.

Deslaugiers choisit l'acier et se tourna vers Geep-Industries qui, à l'époque, était la seule entreprise à réaliser ce type de construction, mais sur de petites portées pour réduire les coûts. Or si l'on voulait des espaces vraiment libres, il fallait à l'inverse de grandes portées. C'était l'occasion *"d'enlever tout ce qui est composition et règles de construction qui ne se justifient le plus souvent que parce que l'architecture est d'habitude conçue d'abord comme une masse (François Deslaugiers)"*.

En plus du Geep, il trouve des entrepreneurs qui acceptent de travailler selon ses plans, y compris en béton armé. C'est évidemment aussi, pour lui, l'occasion d'apprendre, les détails étant dessinés à l'agence ; et la découverte, simultanée, qu'il adore ce travail d'assemblage ; et toujours simultanément, que du contrôle de ce travail, suit la maîtrise des espaces...

Satisfaite de ces centres, la direction du budget ayant, à quelque temps de là, un centre plus important à construire, fit naturellement appel à lui. Au départ, le projet était lié à un entrepôt du Timbre et devait être réalisé à Evry ; l'entrepôt fut ensuite abandonné, et l'implantation déplacée à Nemours.

Deux orientations au moins étaient possibles : perfectionner le système mis en place dans les centres déjà réalisés et améliorer éventuellement leur image, ou reposer plus radicalement le problème, ce qui supposait que le maître d'ouvrage accepte d'être au départ dans l'ignorance de ce que serait le bâtiment dont la forme résulterait de ce vers quoi le programme et son évolution conduiraient.

Deslaugiers préférait évidemment la deuxième solution, et réussit à communiquer son enthousiasme à la direction du budget. C'était, pour lui, l'occasion *"de faire un bâtiment où tout peut se combiner, s'enclencher, sans aucune forme pré-établie"*, ce qui est merveilleux, en parole ou sur le papier, mais fort difficile en réalité, les entreprises, au moins en France, n'étant pas habituées à travailler au millimètre, ni à ce que l'architecte intervienne sur des parties du bâtiment qui restent invisibles. Enfin, et peut-être surtout, il fallait éviter de tomber dans le piège qui s'était refermé sur Prouvé : en se liant à la grande industrie. Celle-ci n'existe en effet qu'avec un pouvoir fort qui, inévitablement, prend les rênes du système à produire. Pour rester maître de la décision, il faut concevoir des objets réalisables avec des moyens artisanaux.

Deslaugiers réussit à communiquer son ardeur et sa foi à une équipe *"de jeunes venant d'horizons divers, informatique, mathématique, environnement, urbanisme, dessin industriel"* (Ibid.), qui travailla d'arrache-pied pendant plus de quatre ans. Cette équipe fut à la fois une agence et un atelier : *"on y dessine tout, du plan de principe au détail de montage, on y teste sur prototype les maquettes, les outils, les composants, l'information"* (Ibid.). Il trouva aussi des entreprises, petites et moyennes, *"capables d'un travail soigné et de réaliser des petites séries permettant d'éviter d'être lié à l'outil de fabrication d'une seule entreprise"* (Ibid.)

La structure est fournie par des poteaux cylindriques de 710 mm de diamètre, vissés sur des fondations en béton tous les 11 700 mm (treize fois 900 mm). Elle porte des caissons horizontaux de 820 mm en tôle d'acier pliée et soudée qui sont eux-mêmes porteurs et fixés soit par boulonnage en tête des poteaux, soit par encastrement afin d'aboutir à un système autostable, sans contreventement. Sur cette trame à larges mailles sont ensuite posées les lisses basses composées de dalles amovibles de 900 mm sur 900 mm en bois sur tôle d'acier avec revêtement de sol collé et montées sur vérins réglables. L'espace entre lisses et structure constitue un espace interstitiel pour la circulation des fluides, de même que celui existant entre la structure et la lisse haute suspendue par des tiges réglables, et constituée de dalles en tôles d'acier perforées, laquées, munies intérieurement d'un isolant et d'un panneau de placoplâtre. A la place des dalles peuvent être suspendus des luminaires ou des grilles d'aération.

Les lisses basses supportent les parois assemblées et tenues par des profilés en aluminium, utilisés comme montants et traverses. Seuls les assemblages de ces armatures et le mode de fixation des panneaux différencient les parois intérieures des parois extérieures, ce qui permet leur interchangeabilité. De 900 mm ou 1 800 mm, elles sont toujours composées de deux panneaux indépendants ayant chacun leur forme, leur nature et leur couleur propre, sauf bien sûr, pour les parois à double vitrage.

Ainsi délimités, les espaces présentent une grande continuité. L'absence de murs et la présence de ces peaux qui enveloppent les différents espaces au gré de leurs fonctions, donnent à l'ensemble une sorte de fluidité et une grande homogénéité.

Après bien des péripéties et d'innombrables heures supplémentaires de l'agence, le centre de Nemours fut livré en 1979. Il commença à faire connaître Deslaugiers, au moins parmi ses confrères. Certains firent appel à lui pour des études de verrières et de menuiserie métalliques ; ainsi Paul Andreu pour la Cité de l'air à Roissy en 1980, et Antoine Grumbach pour les bureaux de la direction départementale de l'Equipement de la Vienne à Poitiers l'année suivante. Il participe également à plusieurs concours : la Direction des télécommunications à Limoges en 1979, un hôtel à Nanterre en 1981.

La même année, il est lauréat de celui lancé par le musée des Sciences, des Techniques et des Industries au parc de La Villette à Paris, pour l'aménagement de 40 000 m² de plateau. Le programme avait multiplié les éventualités, désirant accrocher, suspendre, poser sur des praticables droits, inclinés, hauts ou bas, dépendant ou non de cloisons amovibles ou fixes, avec ou sans étagères..., et Deslaugiers y avait répondu par un catalogue précis de tous les moyens scénographiques demandés.

Par rapport au Centre de Nemours, ce programme demandait l'intégration de possibilités nouvelles avec une finalité différente : au lieu d'aboutir à des espaces architecturés aux parois lisses dont la structure et les équipements étaient cachés, il fallait ici perfectionner les supports, en multiplier les possibilités, l'habillage devant être plus ou moins le fait des présentateurs des diverses expositions qui s'y succéderaient. L'architecte, en somme, cédait presque le pas au mécanicien qui s'en donna à cœur joie. C'est ainsi par exemple que le gril au plafond était réglable en hauteur et que les dalles du plancher, toujours sur la même trame de 900 mm, étaient prépliées de façon à pouvoir être inclinées dans deux plans différents.

Un changement de direction fut l'occasion de l'abandon de ce principe d'aménagement. Deux années d'études restèrent dans les cartons, mais furent en partie connues et remarquées par leur publication dans *L'Architecture d'Aujourd'hui* en avril 1983.

Il participe au concours international du Peak, à Hong-Kong, puis est appelé en consultation restreinte par la Régie Renault pour la construction d'un Centre régional de stockage de pièces détachées près de Rouen : 9 000 m² sous une hauteur libre minimale de 7,50 m, avec un local clos et coupe-feu de 700 m² pour l'entreposage de peinture, et 600 m² de bureaux et locaux sociaux, le tout ne devant pas dépasser le prix des entrepôts *clé en main*.

Malgré ces conditions draconiennes, Deslaugiers accepta de tenter sa chance, pensant qu'il pourrait aboutir à une solution suffisamment simple pour passer dans les prix. Avec Louis Fruitet, il en arrive à un volume unique sur un plan carré, composé de vingt-cinq modules de 20 m sur 20 m, trois autres constituant à l'extérieur l'entrepôt de peinture. A l'intérieur, une mezzanine devait abriter bureaux et locaux sociaux.

"Chaque module est conçu comme un parapluie autostable en forme de voûte", réalisé en charpente d'acier précontrainte pour en réduire le poids. La couverture est en tôle galvanisée avec, au centre, une serre

suspendue absorbant le rayonnement solaire grâce à une double peau en polycarbonate translucide et un ventilateur permettant la reprise, le soufflage ou l'extraction de l'air selon les besoins.

L'assemblage des éléments de couverture pré-peints devait être effectué sur le site, module par module. Après la couche finale de peinture, ceux-ci devaient être montés par une grue automobile qui déposerait le parapluie sur les quatre poteaux montés chacun sur une rotule, bloquée lors du montage et débloquée ensuite. Les parois étaient composées d'un bardage double peau de 80 mm d'épaisseur avec isolation intérieure.

La Régie, finalement, préféra s'en tenir à sa solution toute faite.

Sans doute est-ce l'un des attraits du métier : les clients se suivent et ne se ressemblent pas. Pour habiller les façades du cube conçu par Johan-Otto von Spreckelsen, il n'y avait pas de modèle *clé en main*. Le problème n'était que technique, mais il n'était pas simple. Paul Andreu, chargé de la réalisation, fit appel à Deslaugiers afin que *"le beau cube d'air frais soit totalement lisse [...] sans parclose ni joint pour accrocher le regard"* (François Chaslin), selon la volonté expresse de Spreckelsen.

Il fallait rattraper la planéité des murs élevés en béton sur 100 m de hauteur avec une tolérance de plus ou moins 4 cm et, pour des raisons évidentes de délai, trouver un système qui permette de commencer la pose avant que la structure ne soit entièrement achevée. L'idée de panneaux en forme de caissons s'imposa assez vite, en aluminium pour limiter le poids. Car le réglage des panneaux au moment de la pose ne pouvait se faire de l'intérieur, faute de disposer d'une place suffisante, ni de l'extérieur pour des raisons de sécurité.

Le problème fut alors inversé et le réglage effectué sur les attaches et non sur les panneaux. Les pattes de fixation étant scellées dans le béton, on leur vissa des attaches, blocables par écrou et orientables au moyen de trois petits vérins à ressort. Les attaches une fois réglées, il ne restait plus qu'à y accrocher les angles supérieurs des panneaux, les angles inférieurs étant clippés ; dès lors, vingt minutes suffisaient pour poser un panneau.

Deux mille quatre cent cinquante panneaux de 2,80 m sur 2,80 m sont ainsi accrochés aux murs extérieurs ; ils pèsent chacun 800 kg, car ils tiennent enchâssés un vitrage feuilleté de 18 mm d'épaisseur, capable de résister à des vents exerçant une pression de 200 kg/m^2. Les mille trois cent cinquante panneaux habillant les murs intérieurs du cube sont moins lourds, les vitres n'étant pas exposées aux mêmes forces. Sur les pignons et les tympans du toit, les panneaux, accrochés de la même façon, enchâssent des plaques de marbre de Carrare blanc. Ils sont montés sur des profilés en acier inoxydable et tenus en outre par des boulons, également en acier inoxydable. Consulté en mai 1984, Deslaugiers put lancer l'appel d'offres pour les façades en janvier 1985 après avoir eu plusieurs rencontres avec Spreckelsen qui se sentit compris dans son désir de beau idéal et fut rassuré par une maîtrise technique qui lui était étrangère.

En 1987, Paul Andreu lui demande en outre de dessiner l'aménagement de la dalle, le cratère, c'est-à-dire la descente vers les salles d'exposition en sous-sol, et les ascenseurs prévus dès le début par Spreckelsen pour desservir directement le toit, occupé aujourd'hui par la Fondation internationale des droits de l'Homme.

Là encore, le problème posé par les ascenseurs n'était pas simple, il faut savoir qu'un vent de 40 km/h sur la dalle souffle à 100 km/h sous le toit et que Spreckelsen souhaitait une transparence maximale pour que les visiteurs puissent goûter, même à la vitesse d'un mètre cinquante à la seconde, le panorama grandiose qui se découvre.

Il n'y a donc pas de cage mais une structure ouverte en tubes d'acier inoxydable de 18 cm de diamètre, arrimés au pilier sud de l'arche par deux groupes de deux bracons haubannés, disposés à 21 m d'intervalle. Les câbles de traction sont empêchés de battre au vent par des bras horizontaux, disposés tous les dix mètres environ qui se lèvent automatiquement, tels des *passages à niveau*, lors du passage des cabines.

Celles-ci fonctionnent par couple, ce qui évite les contre-poids, économise l'énergie et accroît la sécurité. Elles sont faites d'acier inoxydable, de verre et d'altuglass pour le dôme. Tous les éléments de ces ascenseurs sont montrés. Rien n'est habillé, ni camouflé ; aucun effet de décoration superfétatoire. Tout a été soigneusement dessiné. Pour Deslaugiers : *"C'est la beauté à l'état pur"*.

Tout en travaillant sur le Cube, Deslaugiers n'oubliait pas l'architecture. Il pensait toujours que la forme ne pouvait être génératrice d'un projet, mais se sentait assez fort pour maîtriser l'organisation des espaces. C'est ainsi qu'il gagna le concours de l'extension du Palais de Justice de Nanterre.

Il s'agissait d'un bâtiment séparé du Palais de Justice existant, construit avec la Préfecture, en 1972, par André Wogenscky et qui devrait abriter le tribunal d'instance, le grand tribunal, le conseil de prudhommes et le tribunal de commerce. La flexibilité n'apparaisait pas comme un besoin indispensable et risquait de faire monter le coût d'un bâtiment dont le prix au mètre carré devait rester bas.

Deslaugiers eut d'abord l'idée de faire une enveloppe globale, détachée du ou des bâtiments, pour permettre d'isoler à l'intérieur certains services les uns des autres (ce qui était demandé dans le programme), tout en abritant des services communs comme les salles des pas-perdus. C'était aussi le moyen de construire à l'intérieur des plans libres sur une trame déterminée. Simplement, à la place des parois sophistiquées du type de celles de Nemours, une grande enceinte bio-climatique envelopperait le bâtiment.

L'idée était belle mais irréalisable avec le budget prévu. La grande coquille s'est donc rétrécie jusqu'à se confondre en certains endroits avec les parois du bâtiment, mais en conservant en d'autres une dilatation de l'espace construit qui éclate alors comme une bulle vers l'extérieur.

Pressentant que l'allée piétonne desservirait l'entrée de service, la plus fréquentée, la trame lui est perpendiculaire.

La structure étant en béton armé, elle est évidemment plus serrée qu'à Nemours, 9 m sur 9 m et 9 m sur 7 m de ses avantages étant de permettre de s'étaler dans les deux directions du plan en évitant de devoir border chaque fois les planchers en extension par des poteaux.

Restait le côté en surplomb sur l'avenue Frédéric et Irène Jolliot-Curie qui ne s'articulait pas sur la trame. L'astuce consista à y loger, en la décalant, la salle des pas-perdus, occasion de faire une belle façade sur l'avenue.

Avec ce projet, Deslaugiers semblait abandonner l'aspect technique, mécanique même, de son travail, pour revenir à une conception plus traditionnelle de l'architecture. Chemin faisant, il avait toutefois appris que le savoir-faire technique permettait de ne pas être obligé de recourir à un symbolisme formel plus ou moins fumeux, en l'absence d'un concept clair émanant du maître d'ouvrage, ni à un formalisme encore plus abscons.

Ainsi armé, il gagna en août 1989 le concours du Centre de congrès Compans-Caffarelli à Toulouse, en bordure nord du centre de la ville. La SARI avait projeté sur un ancien terrain militaire un ensemble de bureaux, de commerces, d'hôtels et de parkings qu'elle comptait accompagner d'un centre de congrès offert à la ville. Les architectes toulousains ayant protesté auprès du maire contre cette appropriation par un promoteur de l'image de la ville, le maire organisa, de concert avec le conseil général du département, un concours à deux tours.

Le programme précisait que le bâtiment *"devrait être un repère dans la ville. Son architecture devra exprimer la fonction propre d'un établissement public. Une transparence architecturale devra s'établir entre l'intérieur du bâtiment et son environnement, rendant compréhensibles les activités qui l'animent. La polyvalence, la fonctionnalité, la convivialité et l'exploitation rationnelle devront être les points forts de la conception spatiale des volumes internes".*

Les deux projets retenus à l'issue du premier tour, celui de Jourda, Perraudin et Foster et celui de Deslaugiers, étaient assez voisins en apparence, tous deux étant décollés du sol sans doute pour la même raison : conserver aux piétons la perspective du parc malgré l'importance inévitable du volume. Mais ils différaient en ce que le vaisseau des premiers était une sorte de zeppelin légèrement ovoïde posé sur des pieds, alors que le projet de Deslaugiers s'apparentait davantage à un coléoptère, dont la carapace, formée de quatre demi-portiques, posée sur quatre gerbes de piliers en acier, agit comme une superstructure à laquelle est suspendue le ventre mou de l'insecte, ou ici, une coque abritant une salle de douze cents places qui pourra se décomposer en deux salles de six cents et deux cents places et trois salles de quatre-vingt places utilisables simultanément.

En avant, une façade calme et simple s'ouvre sur le centre d'affaires et de commerces. Le visiteur, attiré par la vue sur le parc, arrive au grand sas d'accès qui, par un jeu d'escaliers mécaniques, dessert la ou les salles, ce sas étant éclairé par une coupole de verre au sommet qui amplifie la transparence du volume. Les études sont achevées ; les travaux devraient commencer en mai prochain pour une livraison prévue en juin 1993.

A la même époque, le CNRS lançait un concours pour un laboratoire d'archéologie à Nanterre sur un programme précis au mètre carré qui demandait des services nombreux, différenciés et indépendants, le plus petit pouvant avoir 4 m² ; ils devaient pouvoir être éventuellement modelables et, en tout état de cause, desservis par un minimum de couloirs.

Il proposa un ensemble de plateaux sur portiques avec des façades libres et des parois qui délimitaient trois bâtiments séparés par deux cours couvertes abritant les passerelles de circulation. Les volumes étaient modelables et les circulations adaptables aux modifications des volumes. L'ensemble était simple et efficace, mais le CNRS lui préféra un projet plus compact.

A Reims, le maire, n'ayant pu faire démolir la halle construite par Emile Maigrot et Eugène Freyssinet en 1928 à la suite d'une campagne de protestations, décida de construire ailleurs le Centre de congrès et lui affecta un terrain en longueur, à la lisière d'un jardin paysager déstructuré, planté de grands arbres de 20 à 30 m, en bordure d'un canal et frôlé par une bande autoroutière avec carrefour et passage ferroviaire.

Deslaugiers en conclut que *"pour être vu et voir, pour attirer et pour constituer la vitrine souhaitée par la ville, il fallait se hisser au-dessus du plafond de visibilité brouillée"* (François Deslaugiers). Accessoirement, cela présentait l'avantage de conserver les arbres et de dégager la vue au ras du sol. Le centre fut donc *posé* sur une sorte de train d'atterrissage à 28 m de hauteur.

Pour l'automobiliste arrivant sur la ville par cette voie autoroutière qui s'étire le long d'une muraille de bâtiments anonymes, ce pouvait être un signal bien perceptible et capable par son étrangeté même de *"rétablir un dialogue susceptible de revaloriser la césure urbaine, en lui conférant sa propre identité"* (Ibid.). En forme de galette, desservi par deux batteries d'escaliers mécaniques, le bâtiment proprement dit abritait de part et d'autre d'un foyer tout en verre, les deux salles de congrès demandées (sept cents et trois cent cinquante places) entourées *en une corolle vitrée, continue* par les salles de commission, bureaux, déambulatoires, foyers-bars nécessaires. Ce projet trop spectaculaire ne fut pas retenu.

C'était en septembre 1990. Six mois plus tôt, Roger Tallon était venu lui proposer la construction des deux gares, inférieure et supérieure, du funiculaire de Montmartre à Paris. La RATP avait demandé en effet à l'illustre dessinateur du TGV de concevoir la réfection des voitures en service depuis 1935 et usées par une fréquentation croissante (2 350 000 voyageurs en 1989). Tallon put assez facilement convaincre la RATP que les gares avaient également besoin d'une remise en état et proposa un abri de type abri-jardin, métallique pour rester dans l'esprit d'origine, avec du verre pour apporter la touche nécessaire de modernité.

N'étant pas architecte lui-même, il proposa de confier la construction à Deslaugiers qui voulut pousser plus loin l'idée de départ en dégageant l'espace au maximum et en réduisant la structure porteuse au minimum indispensable. Il en vint ainsi à l'idée de deux lames ressorts arc-boutées l'une sur l'autre portant une couverture de verre par l'intermédiaire de pannes en tube plat d'acier inoxydable très fin de 60 mm sur 30 mm.

Discrètes, fines, élancées, elles serviront de point de départ et d'arrivée aux *"ascenseurs inclinés intelligents"* de Tallon qui adapteront leur vitesse et leur fréquence à la fréquentation des usagers à partir de ce printemps.

Nul ne sait encore si Deslaugiers parviendra à réaliser des structures qui ne *"briment pas l'espace par une affectation passagère"*. Mais cette idée-force l'a contraint à développer un savoir-faire technique assez rare aujourd'hui qui lui a permis, un peu comme Prouvé, d'habiller des projets en panne sur des détails ou butant sur des *infaisabilités*. Elle lui a permis aussi d'aborder l'architecture d'une façon différente. En se dégageant des contraintes, il cherche – et parvient – à libérer l'espace comme un Samson qui aurait secoué les colonnes, non sans avoir trouvé auparavant le moyen de conserver le toit et de camper dessous une peau protectrice.

L'IMAGE ET L'OUTIL
CHRISTIANE DESLAUGIERS

Un homme était assis, chaque jour, devant une haute palissade où une étroite fente verticale avait été pratiquée. Chaque jour, un âne sauvage du désert passait derrière la palissade, de l'autre côté de la fente. D'abord le nez, puis la tête, puis les pattes antérieures, le flanc long et brun, les pattes postérieures et enfin la queue. Un jour, l'homme bondit sur ses pieds, une lueur de triomphe dans son regard, et s'écria à l'intention de qui voulait l'entendre : Eureka ! J'ai trouvé ! c'est le nez qui cause la queue !

Les hérétiques de Dune
Frank Herbert

L'homme du désert de Frank Herbert ne va pas au-delà des apparences. Il comprend les signes mais ne voit pas la complexité des rapports que les catégories du temps et de l'espace entretiennent depuis longtemps avec la raison, les principes de la logique et la méthode. L'espace fonctionne chez lui comme une parole mythique.

Il est de ceux qui croient à l'existence d'une intelligence naturelle et d'un isomorphisme du champ physique et du champ perceptif de l'homme et font comme si chaque être humain pouvait compter sur les propriétés innées des formes et sur les archétypes de l'inconscient collectif pour rendre lumineuse une réalité opaque et voir celle de leur époque dans un miroir sans tain.

Peu différent, l'homme du XXᵉ siècle assis chaque jour devant le hublot de sa télé, contemple les affaires du monde par séquences. Il ne comprend pas qu'il est bloqué dans un univers de cause et d'effet qui le limite plus qu'il ne le libère et qu'il cherche désespérément le fil d'Ariane, la trame conceptuelle continue qui fixera l'imaginaire de l'histoire sans tenir compte de la complexité et de la vitesse croissante des signes.

Tous les deux sont crédules et aucun n'a compris le message du roi de cœur dans *"Alice au pays des merveilles"* qui parvint à assimiler le poème absurde du Lapin Blanc après avoir médité en ces termes : *"S'il n'a pas de sens, cela nous débarrassera de bien des soucis, vous savez ; de cette façon nous ne nous fatiguerons pas à chercher à comprendre"*.

A l'absence de sens, le public a toujours préféré l'illusion, la crédulité et le mythe. Habitué à emprunter à la Religion, la Philosophie, la Science et l'Art, les rationalisations qui constituent ses représentations, il n'attend pas qu'on lui dise la vérité ou qu'on la lui dissimule, il veut du sens. Apollon, dieu des Arts, est fait pour le satisfaire, car, si l'on en croit Héraclite : *"Le maître dont l'oracle est à Delphes ne dit ni ne cache, il signifie"*.

Si l'œuvre est une fonction-signe, le lieu même où se nouent les rapports de la technique et du signifiant, l'architecture comme le langage, l'écriture et toutes les autres créations, procède du mensonge et de l'artifice. Celle de François Deslaugiers ne fait pas exception. Elle est même en ce domaine doublement duplice. Son message est d'autant plus fort qu'il est second et d'autant plus original qu'il est indirect. Il ne dit rien d'immédiat ni de spontané sur la crédulité qu'il vise et, ultime ruse, accuse l'architecture d'un certain mensonge par une autre architecture qui appelle à la mobilité.

Ainsi, Nemours, dès le premier regard, brise la clôture des signes. Le caractère inhabituel de la métaphore spatiale des parois renvoie à la stricte métonymie du détail et à l'exactitude de la réalisation. Mais, au-delà de la précision technique, au-delà même du fini de l'objet qui convainc par l'originalité du parti, la liberté des formes, le lisse des enveloppes, la performance des fonctions et la justesse des espaces, la rupture apparaît. Les illusions de la forme, les rhétoriques usées et les gravats d'un discours ancien qui s'articulait encore dans les années soixante autour de la vieille bipolarité de l'Idée et de la Substance, sont, ici, en procès.

Nemours fut le premier refus circonstancié d'une architecture de composition et la déclinaison actualisée, exigeante et sans état d'âme du *"less is more"* de Mies van der Rohe. François Deslaugiers télescope la matière, la met au pli, découpe, évide, désosse, dégraisse pour faire apparaître le squelette, tester la ténuité des éléments porteurs et montrer la magie du mouvement par la désignation des nœuds, des rotules, des interfaces et de tout ce qui fait la perfection du fonctionnement anatomique.

La structure, il la désolidarise des parois, il fait une grille analogue à une trame photographique sensible, granulaire et régulière qui peut recevoir, selon le désir, des projections spatiales unitaires et coordonnées. Les images, elles viendront après. Elles permettent à la peau de se déployer, de se gonfler, de se tendre, mais, elles peuvent changer dans le temps et dans l'espace, selon les modes et les besoins de la société. L'important, c'est la mécanique combinatoire qui permet de projeter les images et d'en assurer la mobilité.

Une telle architecture, pas plus que la science, ne se développe dans un vide social, mais, comme elle, plus elle parle de la complexité des moyens de communiquer et moins elle parle de la communication elle-même.

La méthode de projection sur la grille spatiale a été choisie pour organiser les espaces en toute liberté. Les techniques qui permettent d'implanter des composants coordonnés en n'importe quel point de la grille, associées à cette méthode pour la réalisation de ces espaces concordent avec une exploitation de la liberté dans le temps.

Qui souhaite, en effet, organiser l'espace librement, sans référence à des codes, à des règles de composition, à des discours pré-établis et à un dictionnaire de formes et d'objets, abolit les déterminismes et refuse l'architecture de l'intemporalité. Il lui en préfère une autre factuelle et circonstancielle qui n'est pas d'essence définitive.

Ce faisant, François Deslaugiers a rejeté le temps et l'espace symboliques et, avec eux, la vérité absolue et préexistante qui, lorsque l'esprit et le réel, le sujet et l'objet sont séparés, est censée garantir la validité de leur adéquation. Il est entré, ainsi, dans le temps et l'espace relatifs des sciences et des techniques et, dès les années soixante, inscrivait son architecture dans un univers de signes où entraient la lin-

guistique, l'informatique, la sémiologie, la sémiotique, la communication interhumaine, personnalisée, verbale ou non verbale, et la
recherche spatiale.

Un bâtiment n'est pas un objet nomade mais dans la mesure où
les moyens de l'espace libre et flexible sont les mêmes, la démarche est
à la fois celle de la liberté spatiale et de l'évolutivité.

Ainsi, s'instaurent une possibilité et aussi une logique de la flexibilité qui, elle, n'est pas un but mais la conséquence d'une succession
de processus rigoureusement conduits : dématérialisation de l'architecture, restructuration technique et évolution spatio-temporelle,
dirigée, volontaire et choisie.

La flexibilité n'a rien d'une aimable dérive ou d'une perversité
esthétique. Elle se fonde sur un espace particulier, divisible, opérable,
réversible. C'est celui du monde moderne où rien n'oppose vraiment
l'un et le multiple, le macrocosme et le microcosme, l'esprit et la
matière, le sujet et l'objet, le plein et le vide, le dedans et le dehors, le
centre et la périphérie. Le rêve d'un espace, d'une ville ou d'objets qui
seraient enfin libres n'est pas nécessairement utopique, mais sera-t-il
architectural ?

Tout principe fondateur ne devient œuvre que lorsqu'il peut
varier. Les autres projets et réalisations sont précisément ces varia-
tions, structures ou plutôt anatomies qui transportent du devenir et
non de la fixité et qui, bien qu'originales et comme inventées, sont les
paradigmes ou les avatars d'une même dialectique entre la matière-
structure et l'enveloppe-espace.

La théâtralité n'est pas le ressort et le signe de l'architecture de
François Deslaugiers. Sans doute, préfère-t-il la lisibilité et la simpli-
cité des rapports entre la transparence et l'opacité des peaux alliées à la
ténuité des supports et des structures.

Peut-être nous signifie-t-il que la dernière chance de l'architecture à travers la perte de matérialité et le jeu des transparences est
d'être à la hauteur de l'outil et pas seulement à l'image de la communication qui semble être devenue la nouvelle liberté des hommes.

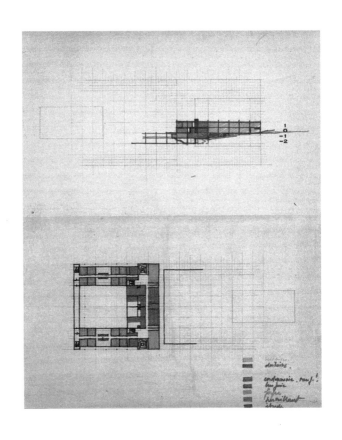

22 CROQUIS

LYCÉE POLYVALENT EXPÉRIMENTAL, PAIMPOL
COUPE ET PLAN
FEUTRE SUR TIRAGE, 42,2 x 54 CM, 1967

CROQUIS 23

CENTRE RÉGIONAL D'INFORMATIQUE, NEMOURS
PERSPECTIVE EXTÉRIEURE
FEUTRE SUR CALQUE, 29 x 32,3 CM, 1975

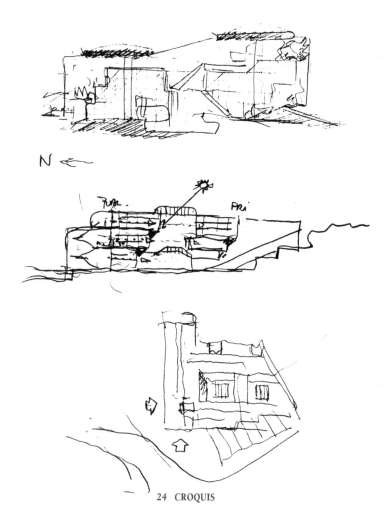

24 CROQUIS

EXTENSION DU PALAIS DE JUSTICE, NANTERRE
COUPES ET PLAN-MASSE
CRAYON SUR PAPIER, 21 x 29,7 CM, 1986

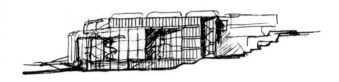

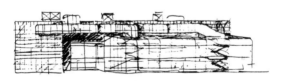

CROQUIS 25

EXTENSION DU PALAIS DE JUSTICE, NANTERRE
FAÇADES
CRAYON SUR CALQUE, 40,7 x 37,4 CM, 54,5 x 28,4 CM, 39,8 x 32 CM,
DATÉS 27.11.86

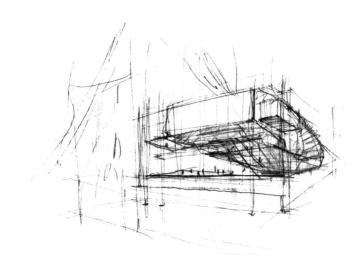

26 CROQUIS

CENTRE DES CONGRÈS, TOULOUSE
PERSPECTIVE
CRAYON SUR CALQUE, 29,7 x 42 CM, 1989

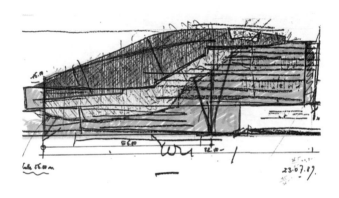

CROQUIS 27

CENTRE DES CONGRÈS, TOULOUSE
COUPE
FEUTRE SUR PHOTOCOPIE NOIR & BLANC, 54 x 29,7 CM, DATÉ 23.07.89

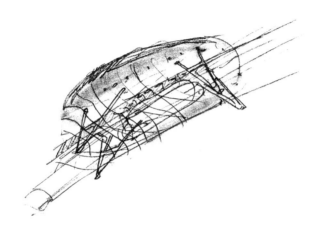

28   CROQUIS

CENTRE DES CONGRÈS, REIMS
VUE DU DESSOUS
CRAYON SUR CALQUE, 42 x 29,7 CM, DATÉ 17.08.90

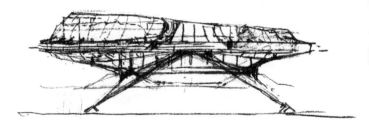

CROQUIS 29

CENTRE DES CONGRÈS, REIMS
FAÇADES
CRAYON SUR CALQUE, 42 x 29,7 CM

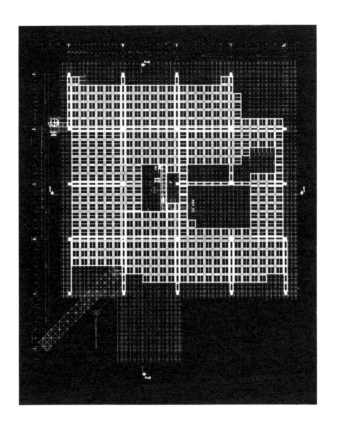

30 **PLAN**

CENTRE RÉGIONAL INFORMATIQUE, NEMOURS
PLAN DE LA STRUCTURE
ENCRE SUR CALQUE POLYESTER, 84 x 59,4 CM, 1979

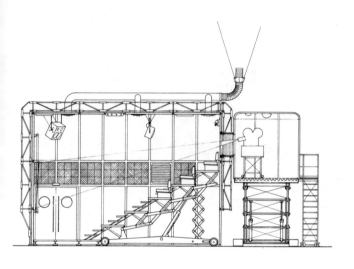

PLAN 31

MUSÉE DES SCIENCES ET DES TECHNIQUES DE LA VILLETTE, PARIS 19ᵉ
COUPE SUR L'AUDITORIUM
ENCRE SUR CALQUE, 29,7 x 42 CM, 1981

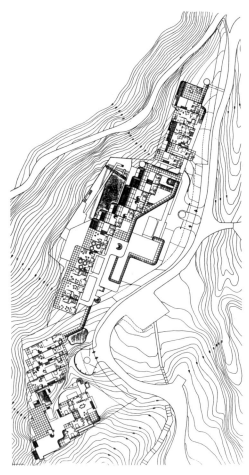

32 PLAN

THE PEAK, HONG-KONG
PLAN
ENCRE SUR CALQUE, 104 x 59 CM, 1982

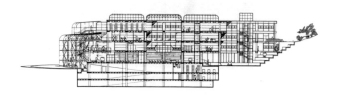

PLAN 33

EXTENSION DU PALAIS DE JUSTICE, NANTERRE
COUPE
ENCRE SUR CALQUE, 64,5 x 35,2 CM, 1986

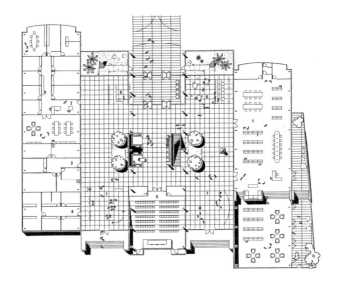

34 PLAN

CNRS, BÂTIMENT DE LA RECHERCHE, NANTERRE
PLAN
ENCRE SUR CALQUE, 84 x 56 CM, 1989

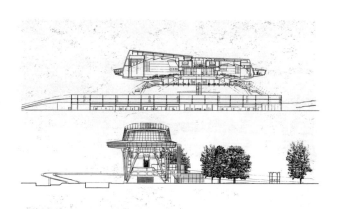

PLAN 35

CENTRE DES CONGRÈS, REIMS
COUPE ET FAÇADE
ENCRE SUR CALQUE, 80 x 120 CM, 1990

36   RENDU

CENTRE DE CONGRÈS, TOULOUSE
PERSPECTIVE
ENCRE, GOUACHE ET CRAYON DE COULEUR SUR PAPIER, 90 x 90 CM, 1989

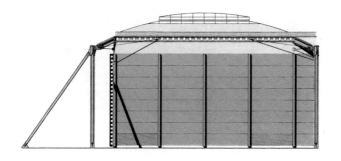

RENDU 37

CENTRE RÉGIONAL DE PIÈCES DE RECHANGE
DE LA SOCIÉTÉ RENAULT, ROUEN-BARENTIN
FAÇADE
ENCRE ET ZIP COULEUR SUR PAPIER, 21 x 29,7 CM, 1983

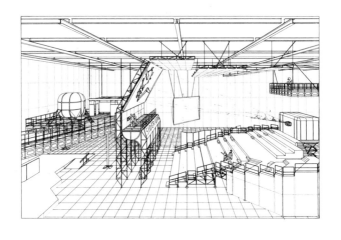

38   RENDU

MUSÉE DES SCIENCES ET DES TECHNIQUES DE LA VILLETTE, PARIS 19ᵉ
PERSPECTIVE
ENCRE SUR CALQUE, 29,7 x 42 CM, 1981

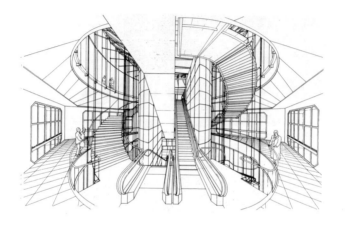

RENDU 39

LA GRANDE ARCHE, PARIS-LA DÉFENSE
PERSPECTIVE DU CRATÈRE
SORTIE INFORMATIQUE, ENCRE SUR CALQUE, 84 x 118,8 CM, 1987

40 RENDU

CNRS, BÂTIMENT DE LA RECHERCHE, NANTERRE
COUPE
ZIP SUR PHOTOCOPIE SUR PAPIER, 42 x 29,7 CM, 1989

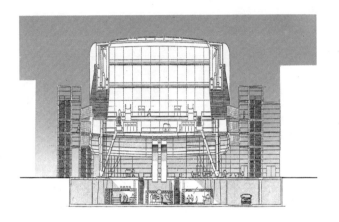

RENDU 41

CENTRE DE CONGRÈS, TOULOUSE
COUPE
ZIP SUR PHOTOCOPIE SUR PAPIER, 42 x 29,7 CM, 1989

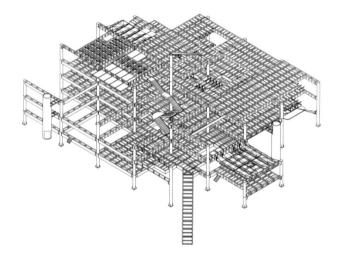

42 RENDU

CENTRE RÉGIONAL INFORMATIQUE, NEMOURS
AXONOMÉTRIE DE LA STRUCTURE
ENCRE SUR CALQUE POLYESTER, 64 x 49,8 CM, 1975

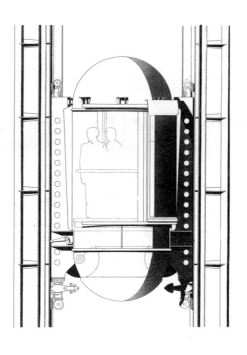

RENDU 43

LA GRANDE ARCHE, PARIS-LA DÉFENSE
L'ASCENSEUR
ENCRE SUR CALQUE, 40 x 60 CM, 1987

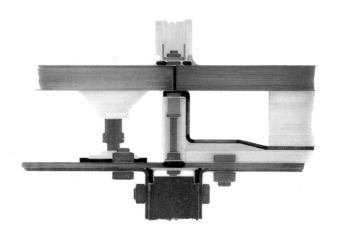

44 DÉTAIL

CENTRE RÉGIONAL D'INFORMATIQUE, NEMOURS
LISSE BASSE SOUS PLANCHER, RELEVÉ D'ÉTANCHÉITÉ
FEUTRE COULEUR ET CRAYON SUR CALQUE, 48,8 x 32,8 CM, 1975

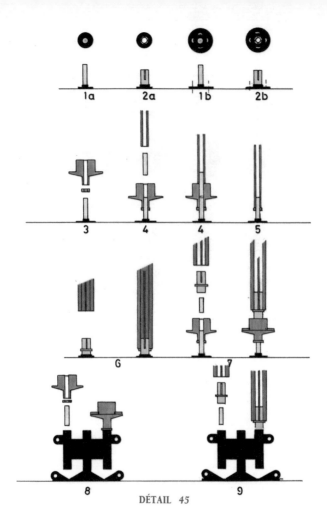

DÉTAIL 45

MUSÉE DES SCIENCES ET DES TECHNIQUES DE LA VILLETTE, PARIS 19e
LIAISONS INTERSYSTÈMES, VÉRINS-COMBINAISONS
FEUTRE COULEUR ET ENCRE SUR CALQUE, 21 x 29,7 CM, 1981

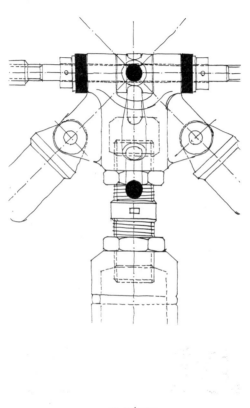

46 DÉTAIL

LA GRANDE ARCHE, PARIS-LA DÉFENSE
TOUR-ASCENSEURS EXTÉRIEURS, ASSEMBLAGE DES TENDEURS
FEUTRE NOIR SUR PAPIER, 42 x 29,7 CM, 1985

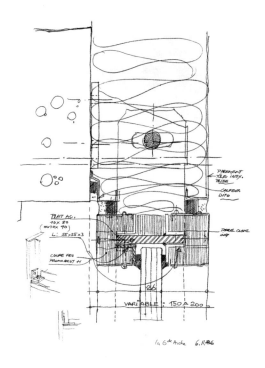

PAREMENT
TÔLE INOX.
PLIÉE

CALFEUT
DITO

PLAT AC.
10x80
(ou70x 90)
L: 25x25x3

PARE CLOSE
INOX

COUPE FEU
PROMABEST H

86

VARIABLE : 150 A 200

la 6de Arche   6.11.86

DÉTAIL 47

LA GRANDE ARCHE, PARIS-LA DÉFENSE
LE CRATÈRE, LISSE HAUTE DES PAROIS VITRÉES COUPE-FEU
CRAYON SUR CALQUE, 29,7 x 42 CM, DATÉ 06.11.86

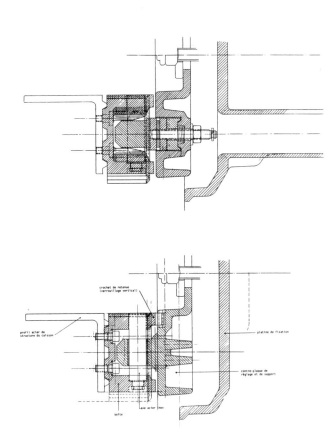

48 DÉTAIL

LA GRANDE ARCHE, PARIS-LA DÉFENSE
FAÇADE-VERRIÈRES, BOÎTE D'ACCROCHAGE DES PANNEAUX
SUR PLATINE DE FIXATION
CRAYON SUR PAPIER, 42 x 29,7 CM, DATÉ 08.02.85

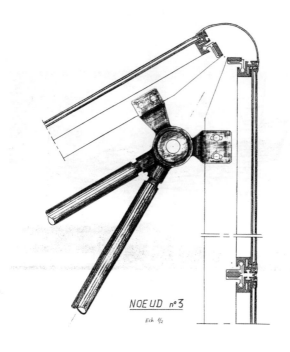

NOEUD n°3

Ech 1/2

DÉTAIL 49

LA GRANDE ARCHE, PARIS-LA DÉFENSE
CRATÈRE, NŒUD N° 3
CRAYON SUR PHOTOCOPIE SUR CALQUE, 29,7 x 42 CM, 1986

50 MAQUETTE

MUSÉE DES SCIENCES ET DES TECHNIQUES DE LA VILLETTE, PARIS 19ᵉ
SYSTÈME INTERNE
MAQUETTE MODEL BIS, 46 x 46 x 25 CM, PHOTO F. DESLAUGIERS, 1981

MAQUETTE 51

THE PEAK, HONG-KONG
MODULE
MAQUETTE MODEL BIS, 33 x 58 x 40 CM, PHOTO F. DESLAUGIERS, 1982

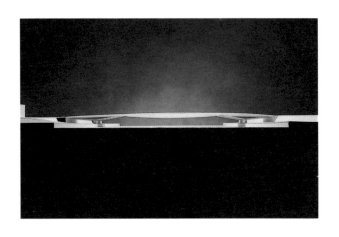

52 MAQUETTE

DOUBLEMENT AMONT DU PONT D'AUSTERLITZ
VUE GÉNÉRALE
MAQUETTE AGENCE DESLAUGIERS, 58 x 43 x 10 CM, PHOTO GASTON, 1988

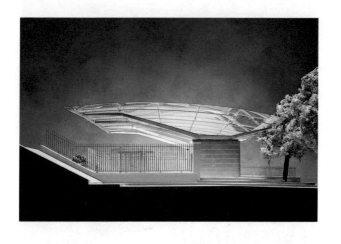

MAQUETTE 53

FUNICULAIRE DE MONTMARTRE (RATP), PARIS 18ᵉ
GARE BASSE
MAQUETTE EIKUNION, 38 x 54 x 28 CM, PHOTO GASTON, 1990

54 RÉALISATION

CENTRE RÉGIONAL D'INFORMATIQUE, NEMOURS
VUE EXTÉRIEURE DES TERRASSES
PHOTO PATRICE GOULET, 6 x 6, 1979

RÉALISATION 55

CENTRE RÉGIONAL D'INFORMATIQUE, NEMOURS
VUE EXTÉRIEURE DU PATIO INTÉRIEUR NIVEAU 3
PHOTO PATRICE GOULET, 6 x 6, 1979

56 RÉALISATION

CENTRE RÉGIONAL D'INFORMATIQUE, NEMOURS
VUE INTÉRIEURE NIVEAU 3, CÔTÉ NORD
PHOTO PATRICE GOULET, 6 x 6, 1979

RÉALISATION 57

CENTRE RÉGIONAL D'INFORMATIQUE, NEMOURS
VUE INTÉRIEURE, NIVEAU 4, SERRE-SALLE DE RESTAURANT
PHOTO PATRICE GOULET, 6 x 6, 1979

58 RÉALISATION

LA GRANDE ARCHE, PARIS-LA DÉFENSE
LE CRATÈRE, VUE INTÉRIEURE DE L'ESCALIER SUSPENDU
PHOTO PAUL MAURER, 6 x 6, 1988

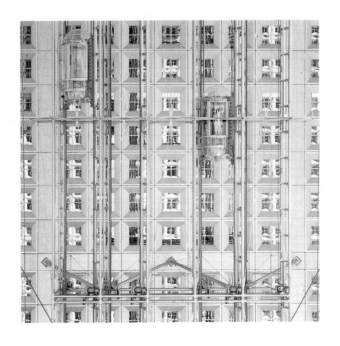

RÉALISATION 59

LA GRANDE ARCHE, PARIS-LA DÉFENSE
ASCENSEURS EXTÉRIEURS, TOUR ET CABINES
PHOTO PAUL MAURER, 6 x 6, 1988

BIOGRAPHIE

François Deslaugiers
Né le 3 décembre 1934
à Alger (Algérie)

PROJETS ET RÉALISATIONS

1967
Lycée polyvalent expérimental,
Paimpol (Côte d'Armor), *architecte :
Louis Arretche, architecte-assistant :
François Deslaugiers*, livraison en 1969.

1968
Habitat 0 : recherche en préfabrication.

1969
Centre régional d'informatique,
Orléans (Loiret), *architecte : Louis
Arretche, architecte-assistant : François
Deslaugiers*, livraison en 1970.
Centre régional d'informatique, Amiens
(Somme), *architecte : Louis Arretche,
architecte-assistant : François Deslaugiers*,
livraison en 1970.
Centre régional d'informatique, Nantes
(Loire-Atlantique), *architecte : Louis
Arretche, architecte-assistant : François
Deslaugiers*, livraison en 1970.
Centre régional d'informatique, Rouen
(Seine-Maritime), *architecte : Louis
Arretche, architecte-assistant : François
Deslaugiers*, livraison en 1970.
Centre régional d'informatique, Angers
(Maine-et-Loire), *architecte : Louis
Arretche, architecte-assistant : François
Deslaugiers*, livraison en 1970.

1972
Entrepôt régional du timbre, Evry
(Essonne).

1974
Entrepôt régional du timbre, Amiens
(Somme).

1975
Centre régional d'informatique,

Nemours (Seine-et-Marne), *assistants :
François Binet, Christiane Deslaugiers,
Jacques Dairou, Paul Henry, Henri
Lablans, Jean-Louis Leconte, Hervé Le
Disez, Gérard Le Goff, Dominique Pierzo,
François Suchard*, livraison en 1979.

1976
Centre régional d'informatique
(mise en conformité avec les nouvelles
normes de sécurité), Orléans (Loiret),
Amiens (Somme), Rouen (Seine-
Maritime), Nantes (Loire-Atlantique),
Angers (Maine-et-Loire).

1977
Structure métallique modulaire
caissonnée en tôle mince PR01, étude.

1980
Cité de l'Air (étude de verrières),
Roissy (Seine-Saint-Denis), *architecte :
Paul Andreu, architecte-consultant :
François Deslaugiers*, livraison 1981.

1981
Abris et passages couverts
(étude technique et estimatif détaillés),
Paris-La Défense, *assistant : Jean-Louis
Leconte*.

1981
Direction départementale de
l'équipement, Poitiers (Haute-Vienne),
étude technique des verrières et
menuiseries métalliques, *architecte :
Antoine Grumbach, architecte-consultant :
François Deslaugiers*, livraison en 1988.

1981
Hôtel, Nanterre (Hauts-de-Seine),
assistant : Gérard Le Goff, concours.

1981 (Mars)
Musée des sciences et des techniques
de la Villette, systèmes internes,
Paris 19e, *assistants : Jean-Louis Leconte*

et François Suchard, concours,
projet lauréat.

1982
The Peak Hong Kong, *assistants :
Jean-Louis Leconte, Gérard Le Goff,
François Suchard*, concours.

1982
Etude de bardage sandwich.

1983 (Janvier)
Centre régional de pièces de rechange
de la société Renault, Rouen-Barentin
(Seine-Maritime), *assistants : Jean-Louis
Leconte et François Suchard*.

1983 (Février)
Tribune officielle pour le 14 juillet,
*assistants : Marina Deslaugiers,
Jean-Louis Leconte, François Suchard*,
concours.

1983
Salle de musique populaire, Bagnolet
(Seine-Saint-Denis), *assistants :
Jean-Louis Leconte et François Suchard*.

1984
La Grande Arche, études des façades,
Paris-La Défense, *architecte : Johann
Otto Von Spreckelsen, architectes
consultants : ADP Paul Andreu et François
Deslaugiers, assistants : Jean-Louis
Leconte et François Suchard*, livraison
en 1988.

1986 (Décembre)
Extension du palais de justice,
Nanterre (Hauts-de-Seine), *assistants :
Alain Davy, Jean-Louis Leconte, Bruno
Mary, François Suchard, Marc Fidelle,
Laurence Mézière, Christophe Damian,
Annick Mazzei*, concours lauréat.

1987
La Grande Arche, aménagement

du plateau, du cratère, des foyers,
des ascenseurs, Paris-La Défense,
*architecte : Johann Otto Von Spreckelsen,
architectes-consultants : ADP Paul Andreu
et François Deslaugiers, assistants :
Alain Davy, Jean-Louis Leconte, François
Suchard*, livraison en 1988.

1987
Passerelle piétonne Beaugrenelle,
Paris 15e, *assistants : Jean-Louis Leconte,
Annick Mazzeï, François Suchard*,
concours.

1988 (Mai)
Doublement amont du pont
d'Austerlitz, Paris 12e-13e, *architectes :
Paul Andreu et François Deslaugiers,
assistants : Frédéric Beauclair, Christophe
Damian, Jean-Louis Leconte, François
Suchard*, concours, projet non remis.

1989 (Juin)
Ambassade de France, Bogota
(Colombie), *architecte : Agence Arca,
Painvin et Rigoux, architecte-conseil-
façades : François Deslaugiers*.

1989 (Juin)
Collège Michelet (rénovation et
extension), Saint-Ouen (Seine-Saint-
Denis), *assistants : Alain Davy, Marina
Deslaugiers, Jean-Louis Leconte, François
Suchard*, concours.

1989 (Août)
Centre des Congrès, Toulouse
(Haute-Garonne), *assistants : Christophe
Damian, Alain Davy, Jérôme Faure. Marc
Fidelle, Pascale Gonon, Richard Gony,
Claire Lauzeral, Xavier Lauzerat,
Jean-Louis Leconte, Bruno Mary,
Jean-Yves Maximilien, Annick Mazzeï,
Laurence Mézière, Stéphane Painchaux,
Philippe Sans, François Suchard*,
concours, projet lauréat, livraison
en 1992.

1989 (Octobre)
CNRS, bâtiment de la recherche,
Nanterre (Hauts-de-Seine), *assistants :*
Jérôme Faure, Jean-Louis Leconte,
François Suchard, concours.

1990 (Janvier)
Collège et gymnase, îlot Cange,
Paris 14ᵉ, *assistants : Xavier Lauzeral,*
Jean-Louis Leconte, Thierry Méchineau,
François Suchard, concours.

1990 (Février)
Funiculaire de Montmartre (RATP),
Paris 18ᵉ, *assistants : Thierry Méchineau,*
François Suchard, Michael Trentham,
livraison en 1991.

1990 (Avril)
Passerelle Saint-Germain, Rennes
(Ille-et-Vilaine), *assistants : Thierry*
Méchineau, François Suchard, Michael
Trentham, concours.

1990 (Avril)
Tribune du 14 juillet, place de
la Concorde, Paris 8ᵉ, concours.

1990 (Avril)
Centre culturel et des industries
du spectacle, Alfortville (Val-de-
Marne), *assistants : Eric Perraudin,*
Bernard Pialoux, Thierry Méchineau, Toni
Silvera, François Suchard, Michael
Trentham, Marc Fridelle, concours.

1990 (Mai)
Collège Saint-Exupéry, Noisy-le-Grand
(Seine-Saint-Denis), *assistants : Filippo*
Broggini, Thierry Méchineau, concours.

1990 (Septembre)
Centre des Congrès, Reims (Marne),
assistants : Thierry Méchineau,
François Suchard, Michael Trentham,
concours.

BIBLIOGRAPHIE

BOISSIÈRE (Olivier). AES & TECH.
Domus, nº 614, Février 1981, p. 20-23.

CHASLIN (François). Une mécanique
de précision. *Le Monde,* 8 Janvier 1982,
p. 1 et 17.

CHASLIN (François). *Les Paris*
de François Mitterrand. Paris : Editions
Gallimard, folio actuel, 1985. p. 178.

DESLAUGIERS (Christiane).
Les androïdes rêvent-ils de moutons
électriques. *L'Architecture d'Aujourd'hui,*
nº 226, Avril 1983, p. 74-75.

DESLAUGIERS (Christiane). La revanche
d'Orphée. *L'Architecture d'Aujourd'hui,*
nº 238, Avril 1985, p. XV et XVI.

DESLAUGIERS (Christiane et François).
Architecture et technologie. *Architecture*
en France. Modernité et Post-modernité.
Paris : Institut Français d'Architecture
- Editions du Centre Georges
Pompidou, 1981, p. 114-119.

DESLAUGIERS (Christiane et François).
Pas de hasard dans les jeux de lumière.
Lux, nº 119, Octobre 1982, p. 47.

DESLAUGIERS (Christiane et François).
L'architecture outil - la matrice de la
liberté. *L'Architecture d'Aujourd'hui,*
nº 239, Juin 1985, p. 28-29.

DESLAUGIERS (François).
Centre régional d'informatique de
Nemours. *L'Architecture d'Aujourd'hui,*
nº 208, Avril 1980, p. 76-79.

DESLAUGIERS (François). Flexibilité ou
architecture. *Techniques et Architecture,*
nº 337, Septembre 1981, p. 123-124.

Deslaugiers (François). Centre régional de pièces de rechange de la société Renault à Rouen-Barentin. *L'Architecture d'Aujourd'hui*, n° 226, Avril 1983, p. 76-79.

Deslaugiers (François). Musée des sciences et des techniques de La Villette. *L'Architecture d'Aujourd'hui*, n° 226, Avril 1983, p. 80-84.

Deslaugiers (François). Nouveautés techniques. *Techniques Nouvelles*, n° 184, Août-Septembre 1987, p. 14-17.

Deslaugiers (François). Tonka (Hubert). *Centre des Congrès Compans-Caffarelli*. Paris : éditions du Demi-Cercle, 1990. Coll. *Architecture & Cie-Hubert Tonka*.

Fillion (Odile). Architecture en mouvement - Toulouse le vaisseau des congrès. *Le Moniteur*, n° 4499, 16 Février 1990, p. 88.

Greco (Antonella) et Mandrelli (Dorianna). Ascensore esterno all' Arche della Defense 89. *Constrospazio* 2, Mars-Avril 1990, p. 18-22.

Goulet (Patrice). PR02 : une mécanique de précision. Entretien avec François Deslaugiers. *Architecture Intérieure-Crée*, n° 174, Novembre-Décembre 1979, p. 94-103.

Hart (Franz), Henn (Walter), Sontag (Hans Jürgen). *Stahlbau* Atlas. Munich : Editions Institut für Internationale Architektur-Dokumentation, 1982, p. 122-123.
Edition française : *Structure acier*. Paris : Editions Publimétal, 1986. p. 122-123.

Lesnikowski (Wojciech). *The New French Architecture*. New York : Editions Rizzoli, 1990. p. 92-104.

Maillard (Lucien). Ascenseurs : de Vinci à François Deslaugiers. *La Revue de la Grande Arche*, 1989, p. 32-33 et 34.

Marrey (Bernard). Les ascenseurs extérieurs. *Le Fer à Paris*. Paris : Pavillon de l'Arsenal. Editions Picard, 1989. p. 214-215.

Mirenowicz (Philippe). Ecologie urbaine - Nouveaux savoirs sur la ville. Entretien avec Christiane et François Deslaugiers. *Métropolis*, n° 64/65, 4e trimestre 1984, p. 75-78.

Spreckelsen (Karen von). La volonté de mon mari a été respectée. Entretien avec Karen von Spreckelsen. *Le Figaro-La Défense*, Juillet 1989, p. 3 et 5.

INSTITUT FRANÇAIS
D'ARCHITECTURE
6, rue de Tournon - 75006 Paris
Président : Jean Millier
Directeur : Luciana Ravanel
Directeur-adjoint : Francis Brière
Responsable département Création-
Diffusion : Patrice Goulet

PANDORA EDITIONS
3, rue Chauveau-Lagarde, 75008 Paris
Président : Edouard de Penguilly
Directeur des éditions : Hubert Tonka
Directeur artistique : Jeanne-Marie Sens

LE LIVRE
Direction de l'ouvrage : Patrice Goulet
Direction artistique : Patrice Goulet,
Hubert Tonka et Jeanne-Marie Sens
Création graphique : Jeanne-Marie Sens
et Hubert Tonka
Réalisation : Département Création-
Diffusion de l'Institut Français
d'Architecture, Patrice Goulet assisté
de Marc Donnadieu, Denise Noël,
Florence Moulin, Annick Fixot
et Claire Laborde
Fabrication : mise en page :
Pierre-Emmanuel Boué
et *Ere nouvelle ouest*,
photogravure : *Graphotec*,
papier intérieur : *Fedrigoni*,
impression et brochage : *Le Govic S.A.*

L'EXPOSITION :
Commissariat : Bernard Marrey
Scénographie : François Seigneur
assisté de Myriam Feuchot
Réalisation : Département Création-
Diffusion de l'Institut Français
d'Architecture, Patrice Goulet assisté
de Marc Donnadieu, Denise Noël,
Annick Fixot, avec Annick Damian
et François Suchard
Relations publiques et presse :
Sylvie de la Dure

Achevé d'imprimer le 5 février 1991
Dépôt légal 1er trimestre 1991
ISBN 2-7421-0000-8

64 COLOPHON